L'AMANT AUTEUR ET VALET.

COMÉDIE. EN UN ACTE,

Représentée pour la premiere fois par les Comédiens Italiens Ordinaires du Roi.

NOUVELLE ÉDITION.

A PARIS,

Chez RUAULT, Libraire, rue de la Harpe.

M. DCC. LXXVII.

ACTEURS.

ERASTE, neveu de Mondor.

MONDOR, amoureux de Lucinde.

LUCINDE, veuve.

FRONTIN, valet de Lucinde & d'Eraste.

LISETTE, suivante de Lucinde.

La Scène est à Paris, chez Lucinde.

L'AMANT AUTEUR ET VALET, COMÉDIE.

SCENE PREMIERE.

ERASTE, *seul.*

O Ciel! Qu'ai-je fait? & comment me tirer de cet embarras? Ne suis-je donc né que pour faire des extravagances? Je me suis déguisé pour entrer au service de Lucinde, sans vûes, sans raison, comptant tout gagner, si je pouvois la voir de plus près, & lui parler quelquefois; premiere sotise, & je vais aujourd'hui me faire chasser par une seconde.

SCENE II.

ERASTE, FRONTIN.

ERASTE.

AH, Frontin!

FRONTIN

Ah! Monsieur!

ERASTE

Je suis perdu!

FRONTIN

Je venois vous le dire.

ERASTE

Je suis sur le point de sortir de chez Lucinde.

FRONTIN

Il faut bien s'y résoudre, & au plutôt.

ERASTE

Ce matin, ſuivant tes mauvais conſeils...

FRONTIN

Ce matin, en allant chez votre Imprimeur.

ERASTE

J'ai laiſſé dans la chambre de Lucinde.

FRONTIN

J'ai découvert par le plus grand haſard du monde...

ENSEMBLE. { ERASTE....... Qui ? / FRONTIN...... Quoi ?

ENSEMBLE. { ERASTE........ Mes vers........ / FRONTIN...... Votre oncle.....

ENSEMBLE. { ERASTE........ Mon oncle ? / FRONTIN...... Vos vers ?

ERASTE

Mon oncle, dis-tu ?

FRONTIN

Oui, Monſieur, votre oncle eſt arrivé.

ERASTE

Et l'as-tu vû ?

FRONTIN

Quand je l'aurois vû, l'aurois-je pû connoître, depuis vingt-cinq ou trente ans qu'il eſt dans les pays étrangers?

ERASTE

D'où ſçais-tu donc qu'il eſt arrivé ?

FRONTIN

J'ai rencontré, dans la rue, un de mes anciens camarades, qui revenoit du Canada; j'ai cru qu'il pourroit me donner quelques nouvelles de votre oncle; mais il pleuvoit, & pour lier converſation en lieu plus ſeant, je l'ai fait entrer.... dans un cabaret.

ERASTE

Allons, finis.

FRONTIN.

J'ordonne bouteille, elle arrive; nous prenons nos verres, le bouchon ſaute! nous buvons. Vous jugez bien qu'une ſi chere entrevûe exige le récit de ſes aventures. Ah! que les mers de ce pays-là ſont orageuſes! Il eſſuya une tempête horrible, je ne ſçai quelle côte, à vingt-degrés de latitude, & à quarante-deux toiſes de longitude.

ERASTE.

Sçais-tu bien que tu m'impatientes?

FRONTIN

Il eſt enfin arrivé avec un Seigneur originaire de Lyon, (c'eſt votre patrie & celle de votre oncle) d'environ ſoixante ans, l'âge ſe rapporte) qui revient en France avec des biens immenſes; à ce trait-là, j'ai jugé nécessairement qu'il falloit que ce fût votre oncle.

ERASTE

Belle nécessité ; Et t'a-t-il dit le nom de ce Seigneur ?

FRONTIN

Oui, & c'est le seul article qui m'ait dépaysé ; ce n'est point Lisimon qu'il s'appelle.

ERASTE

Qui, diantre, veux-tu donc dire ? si ce n'est pas Lisimon, ce n'est point mon oncle.

FRONTIN

Belle conséquence ! Vous qui faites des Romans, ne sçavez-vous pas qu'on change à propros de nom pour préparer les événemens extraordinaires ?

ERASTE

Comment s'appelle-t-il enfin ?

FRONTIN

Autant que je puis m'en souvenir, c'est un beau nom ! il finit en or. Mine d'or, Medor : aidez-moi un peu.

ERASTE

Ne seroit-ce point Mondor !

FRONTIN

Oui, lui-même. Je sçavois bien que je m'en resouviendrois.

ERASTE

Je le connois, Frontin, il vient tous les jours ici, je le crois même amoureux de Lucinde.

FRONTIN

Peste ! tant pis. Un rival riche est encore plus à craindre qu'un oncle.

ERASTE

Lucinde n'a rien à désirer du côté de la fortune. Veuve depuis peu, d'un mari vieux, jaloux & brutal, elle goûte trop le plaisir du veuvage, pour s'engager une seconde fois contre son inclination. Mais je me suis perdu moi-même, pour avoir suivi tes mauvais conseils.

FRONTIN

J'en donne pourtant de bons ordinairement, j'étois sans-doute à jeun quand je vous ai donné ceux-là.

ERASTE

J'ai laissé, dans la chambre de Lucinde, les vers que j'avois faits pour elle, elle les a trouvés, & veut savoir absolument de quelle part ils viennent. Elle s'imagine que quelqu'un nous a gagnés, Lisette ou moi, & nous a fait mille questions, d'un air sévére, qui m'a déconcerté. J'ai pâli, j'ai rougi, j'ai changé vingt-fois de visage. Enfin, suivant les apparances, nous allons, Lisette & moi, recevoir notre congé

FRONTIN

Tant mieux, car je serois d'avis que vous quittassiez le nom de l'Orange pour repéndre celui d'Eraste, & tenter ensuite l'aventure, sous un extérieur un peu plus décent.

ERASTE

Elle me reconnoîtroit, Frontin, & ne me pardonneroit jamais la témérité de mon déguisement.

FRONTIN

Hé! croyez-moi, les femmes ne sont jamais sincérement fâchées des folies que l'amour nous fait faire pour elles. Mais; à propos, comment Lucinde a-t-elle trouvé votre dernier Roman, où vous avez si bien décrit nos aventures & les siennes?

ERASTE

Elle lit mes ouvrages, sans savoir qu'ils sont de moi, & semble même les lire avec plaisir: elle les loue, & c'est le seul suffrage qui puisse me flâter. Je me trouve le plus heureux des hommes d'avoir un talent qui puisse lui procurer quelque amusement. L'envie de lui plaire me rendoit tout aisé; l'Amour fait disparoître la gène du travail, & m'inspire beaucoup mieux qu'Appollon.

FRONTIN

Parbleu, je n'ai pas de la peine à le croire Il m'inspire bien, moi qui vous parle. Je travaille, depuis quelques jours, à l'Histoire de ma vie; vous y verrez des traits aussi singuliers, des tournures aussi extraordinaires, une morale d'une nouveauté, d'une force... Mais, à propos, avez-vous songé à gagner Lisette? Je vous avertis qu'il faut l'avoir pour confidente ou pour surveillante éternelle; & si une fois elle s'apperçoit....

ERASTE

Je n'ose m'y résoudre. Il y a deux jours que je cherche l'occasion de lui déclarer mon secret, & quand je l'ai trouvée, je ne sçai quelle crainte me retient. Je la regarde, je soupire, & je n'ose lui dire davantage; car enfin, si elle me découvre à sa maîtresse....

FRONTIN

Ne craignez rien. Dites-lui que je suis dans vos intérêts, & attendez tout de son zèle; elle m'aime, c'en est assez pour vous être favorable. La voici: je retourne chez votre Imprimeur.

SCENE III.

ERASTE, LISETTE, FRONTIN.

FRONTIN, *à Eraste.*

ADieu, Camarade, (*à Lisette.*) Bon jour, mon petit cœur, je voudrois pouvoir donner un moment d'audience à ton amour; mais une affaire de la derniere considération m'appelle ailleurs. Adieu, ma Reine.

(*Il sort.*)

SCENE IV.

ERASTE, LISETTE.

LISETTE, *à part.*

ADieu, mon fat. Il fait bien de s'en aller, sa présence commençoit à m'ennuyer, & je crois que je ne l'aime plus ; l'Orange vaut mieux que lui, & je crois ne lui être pas indifférente.

ERASTE

Vous parlez seule, Mademoiselle Lisette,

LISETTE

Je faisois une petite réflexion, où vous aviez quelque part.

ERASTE

Vous voulez parler de ces vers, n'est-ce pas ?

LISETTE.

Pas tout à fait. Cependant vous avez eu grand tort de vous charger d'une pareille commission, & toute autre, à votre place, essuyeroit de ma part des reproches très-vifs.

ERASTE.

Je vous suis obligé de l'exception ; mais je puis vous assurer que si vous me connoissiez bien, vous ne me soupçonneriez pas de m'être chargé d'une commission semblable. Uniquement occupé des affaires de mon cœur, je ne me crois pas fait pour conduire celles des autres.

LISETTE.

Tant pis, car c'est un talent nécessaire dans notre état ; mais il faut espérer que les moyens que vous prendrez pour vous-même, vous mettront à portée de pouvoir servir les autres ; & il me paroît que vous ne débutez pas si mal.

ERASTE.

Comment je ne débute pas si mal ! Qu'entendez-vous par-là, je vous prie ?

LISETTE.

Une chose toute naturelle. C'est que vous aimez, que vous cherchez à plaire, & que vous réussissez assez bien.

ERASTE, *à part.*

Se seroit-elle apperçue que Lucinde eût quelque bienveil- (*haut.*) lance pour moi ? Ce que vous dites-là est assurément bien flatteur. Mais sur quelque fondement vous êtes-vous imaginée que j'étois amoureux ?

LISETTE.

Mais sur bien des apparences, des empressemens, des regards... des gestes... des soupirs même quelquefois : tout cela m'a dit que vous aimiez, & tout cela m'a dit vrai.

ERASTE, *à part.*

Elle a deviné le motif de mes intentions & de mes assiduités. (*haut.*) Ensorte donc que si je vous faisois confidence de quelque affaire de cœur, vous ne me seriez point contraire ?

LISETTE, *à part.*

Bon. Voici qui va nous mener à une déclaration en forme. (*haut.*) Mais... non, vous savez qu'ordinairement une affaire de cœur n'a rien d'effrayant. Sans trop de curiosité, ou en êtes-vous ?

ERASTE.

Jusqu'à présent je me suis contraint, & mon amour, malgré sa violence, n'a point encore osé se faire connoître.

LISETTE, *à part.*

Effectivement, ne m'en a pas encore ouvert la bouche. (*haut.*) Mais vous avez tort, c'est aimer en pure perte. Parlez croyez-moi, la timidité ne sied plus à votre âge, surtout avec des personnes qui ne sont point accoutumées à faire les avances. Parlez, vous dis-je : j'oserois presque vous assurer qu'on vous écoutera sans colere. Les femmes ont aujourd'hui l'esprit mieux fait qu'au bon vieux tems ; elles ne se fâchent plus contre ceux qui les aiment, & sa reconnoissance, sur cet article est la vertu favorite du Sexe.

ERASTE.

Ne me trompez-vous point ? Avez-vous remarqué dans l'objet de mes feux quelques dispositions favorables ?... Ah ! que ne vous devrois-je point !

LISETTE, *à part.*

(*haut.*)

Il s'enhardit. Aidons un peu à la lettre. Pensez-vous, Monsieur, qu'on voulût badiner sur une affaire sérieuse ? Oui, l'on m'a fait confidence des sentimens que vous inspirez ; & pour vous donner des preuves de ce qu'on vous avance, vous verrez votre rival maltraité à vos yeux même : je crois qu'après un pareil triomphe, vous ne douterez plus de votre victoire.

ERASTE, *à part.*

Elle congédieroit Mondor ! Puis-je me flâter d'un pareil bonheur ? Puis-je croire qu'une si glorieuse conquête ?...

LISETTE.

Glorieuse conquête ! Les Amans & les Gascons sont furieusement amis de l'hiperbole. N'importe, je vous la pardonne. L'objet aimé nous frappe toujours d'illusion, & l'on doit excuser les yeux que l'on éblouit.

ERASTE.

Quoi sérieusement, vous croyez que Lucinde ne s'offenceroit point d'une passion...

LISETTE.

LISETTE.

Et qu'a-t-elle d'offençant ? Vos vûes ne sont-elles pas légitimes ?

ERASTE.

Je puis vous l'assurer, & je suis même d'une condition...

LISETTE.

Oh, je vous dispense de faire vos preuves de Noblesse. Ne craignez rien, ma maîtresse approuvera vos feux; ce n'est point lui manquer de respect que d'avoir des sentimens aussi louables; & après tout, si cela lui déplaisoit, nous nous passerions fort bien d'elle.

ERASTE.

Nous nous passerions d'elle !

LISETTE.

Cela vous étonne ? Ayez meilleure opinion de vous, &, je l'ose dire de ma délicatesse, si vous méritez qu'on vous aime, il n'y a point de fortune que je ne vous sacrifie; mais tout ceci doit se faire par dégrès, au moins. Vous voyez le prix, songez à le mériter.

ERASTE, *à part*.

Elle n'a pas mal pris le change; & moi aussi. Ah ! je m'étonnois bien que Lucinde...

LISETTE.

J'entens quelqu'un. Peste soit de l'importun; Cette conversation, quoique préliminaire, nous alloit conduire aux articles. Ah ! c'est Monsieur Mondor.

SCENE V.

MONDOR, ERASTE, LISETTE.

MONDOR.

Bon jour, ma belle enfant, comment se porte Lucinde? Dis-moi, comment va son cœur ? en qualité de femme de chambre, tu dois en avoir la direction.

LISETTE.

Tout ira bien, Monsieur, c'est moi qui vous le dis.

MONDOR, *à part à Lisette*.

Que fais-tu ici de ce garçon ? Sa phisionomie ne me revient pas. Il refusa l'autre jour un présent que je voulois lui faire; c'est un nigaut, il a l'air benet.

LISETTE.

C'est pourtant un bon garçon, mais il y a peu de tems qu'il est dans le service, il ne sait point encore les régles. Dans le fond, il vous honore, & vous respecte infiniment.

MONDOR, *à Eraste*.

Ah ! c'est quelque chose. Cela est-il vrai ?

ERASTE.

Vous me feriez tort d'en douter, Monſieur.

MONDOR.

Effectivement, je ne lui trouve pas l'air ſi extraordinaire, je lui crois du diſcernement. Oh ça, Liſette, j'aime Lucinde, comme tu ſais, & à mon âge on n'a pas du tems à perdre. Crois-tu que je puiſſe me déclarer ? Je n'aime point à languir, moi. Voilà la quatriéme fois que je vois ta Maîtreſſe, & je ne lui ai point encore déclaré mon amour, quoique je l'aye aimée à la premiere vûe ; ce ſilence reſpectueux mérite quelque choſe. Fais enſorte que ta maîtreſſe m'en ſache gré, & que toutes mes viſites me ſoient comptées.

LISETTE.

Déclarez-vous, Monſieur, & je me charge du reſte. Je lui parlerai inceſſamment de vous, lui vanterai votre mérite. Il y a mille amans qui font plus de progrés par les ſervices qu'on leur rend que par leur préſence.

ERASTE.

Qu'elle eſt officieuſe !

MONDOR.

Je vais donc m'offrir, moi, mon cœur, ma main, ſans compter une fortune immenſe.

LISETTE.

On pourroit dire que les biens ne ſont avantageux qu'autant qu'on en ſait faire uſage ; mais je répondrai que vous êtes d'une générosité----

MONDOR.

Il eſt vrai que je donne de bon cœur, & cela me fait reſſouvenir de te faire accepter cette bague.

LISETTE.

Mais, Monſieur----

MONDOR.

Prens, te dis-je, & ne fais point la ridicule pour une bagatelle ſemblable.

LISETTE.

Vous vous mocquez, Monſieur, votre main donne un prix ineſtimable aux moindres préſens que vous faites, & je reçois celui-ci ſans ſcrupule, parce que je vous regarde déja comme mon maître.

SCENE VI.

LUCINDE, MONDOR, ERASTE, LISETTE.

LUCINDE.

Cela m'inquiéte à la fin ; voilà pluſieurs galanteries de cette nature, que je reçois ſans ſavoir de quelle part.

MONDOR.

Ah ! Madame, je vous demande pardon de ne m'être pas plûtot apperçu de votre arrivée ; je vois bien que l'amour ne donne pas le talent de deviner.

ÉRASTE, *à part.*

Non cœur me l'avoit pourtant annoncée.

LUCINDE.

Comment donc ? Vous êtes galant ; Monſieur.

MONDOR.

Je ſuis mieux que cela, Madame, je ſuis vrai. Je viens d'un pays où l'on dit bonnement ſa penſée. Il ſemble qu'on reſpire encore dans cet heureux climat, un air de cette franchiſe & de cette droiture naturelle aux Sauvages, mais ſurtout en fait d'amour. On ſe voit, on s'aime, on ſe le dit ; ſi l'on ſe convient, on s'épouſe. Pour moi, je trouve ce procédé charmant, &, ſi c'étoit la mode, je vous demanderois ſans façon ; Madame, ſuis-je votre fait ?

ERASTE, *à part.*

La délicate façon d'aimer ?

LISETTE.

Que ne ſuis-je en Canada !

LUCINDE.

Que ce pays reſſemble peu à celui dont vous parlez ? La bouche eſt rarement ici l'interprête du cœur : fort volontiers chacun y penſe mal des autres ; mais par ménagement, bienſéance ou intérêt, on ſe trouve obligé de déguiſer ſes ſentimens ; ce qui a fait introduire, pour la commodité du commerce de la vie, une eſpéce de jargon, qu'on appelle galanterie, politeſſe, ſavoir-vivre, à la faveur duquel on ſe dit réciproquement les choſes du monde les plus obligeantes ; mais c'eſt ſans conſéquence, on en eſt convenu ; & ſi quelqu'un étoit aſſez dupe pour prendre ces complimens au pied de la lettre, on l'accuſeroit de ne pas ſavoir ſon monde.

MONDOR.

La parole n'eſt faite que pour exprimer ce qu'on penſe, & voici le fait : Un heureux haſard m'a fait lier connoiſſance avec vous ; la lettre dont votre oncle le Gouverneur m'a chargé, me l'a procurée. Vous m'avez permis de vous rendre mes devoirs, j'ai cru ne pouvoir, mieux faire que de vous aimer, parce que j'y trouve un plaiſir inexprimable. Je puis donc vous offrir, avec ma main, le partage de cent bonnes milles livres de rente. Si j'étois jeune, je vous crois ſi déſintéreſſée que je ne vous parlerois pas de mon bien ; mais je commence à ne l'être plus Il vous faut un prétexte pour m'épouſer, je vous l'offre.

LISETTE, *bas à Lucinde.*

Réſiſtez à cela, ſi vous pouvez.

LUCINDE.

Si vos propoſitions ſont ſinceres, elles ne ſont pas moins brillantes; mais ſi j'allois vous tromper, moi

MOND'OR.

Eſt-ce que vous ſavez votre monde! Allez, allez, je vous connois trop pour le craindre.

LUCINDE.

Vous avez raiſon, & c'eſt parce que je ſuis ſincere, que je vous conſeille de prendre encore du tems pour me mieux connoître. Je me ſuis mariée par obéiſſance, vous voulez que je me marie par raiſon. Voilà deux motifs qni ne font pas faire de l'hymen une preuve bien avantageuſe, & je voudrois avoir plus que de la reconnoiſſance pour un homme qui auroit voulu faire mon bonheur.

MONDOR.

C'eſt-à-dire, que vous ne ſentez point pour moi de paſſion violente?

LUCINDE.

Non, vraiment.

MONDOR.

Je le crois, vous n'avez pas eu le tems; auſſi n'avez vous point d'averſion...

LUCINDE.

J'en ſuis bien éloignée.

MONDOR.

Voilà tout ce que je demande. Un mari eſt trop heureux quand on ne le trouve pas inſupportable.

LISETTE, *bas à Lucinde.*

Quel tréſor, Madame!

MONDOR.

Et je ne vous donnerai pas ſeulement le tems d'être indifferente. Tous vos momens ſeront marqués par des plaiſirs nouveaux.

LUCINDE.

Vous êtes d'une humeur charmante.

MONDOR.

Vous pouvez compter ſur des complaiſances infinies & perpétuelles. Ce ſont ordinairement les mauvaiſes manieres qui détruiſent l'amour entre les époux, & par conſéquent les bonnes doivent le faire naître.

LUCINDE.

Savez-vous bien que vous êtes dangereux, Monſieur, & que de pareils ſentimens valent, pour le moins, les agrémens de la jeuneſſe?

MONDOR.

C'eſt-à-dire, que vous vous rendez.

LUCINDE.

Oh! pas encore; car je me défie des Poëtes; ils exagerent ordinairement, & vous faites de ſi jolis vers, que je crains que vous ne donniez dans la fiction.

MONDOR.

Des vers, Madame; si j'osois vous démander ce que vous entendez par-là

LUCINDE.

Allez, Monsieur, je ne suis point ridicule; loin de m'en fâcher, je vous permets de m'en donner souvent; car ils sont très-jolis.

MONDOR.

Parlez-vous sérieusement, Madame! Je vous ai donné des vers, moi? Vous vous moquez, je n'en ai jamais sçu faire.

LUCINDE.

Ne vous en défendez point: je vous dis qu'ils m'ont fait plaisir.

MONDOR, *bas.*

Que diable veut-elle donc dire avec ces vers? (*haut*) Mais, Madame, jettez seulement les yeux sur moi, ai-je l'air & l'encolure d'un Poëte.

LISETTE, *à mondor.*

Si c'est vous qui les avez faits, pourquoi ne pas l'avouer! Vous auriez fort bien pû vous adresser à moi pour les faire tenir.

MONDOR.

A l'Autre.

LISETTE, *à Lucinde.*

(*à Mondor.*)

C'est Monsieur qui les a faits. Dites donc qu'oui.

MONDOR.

Mais il y a conscience, je n'ai jamais fait que des lettres de change, moi.

LUCINDE.

Tenez, lisez vous-même. Je suis persuadée que vous les trouverez bons, quoiqu'ils soient de vous.

MONDOR, *lit mal.*

Ah! qu'il est douloureux de cacher son amour
Pour un objet où brillent tant de charmes!
J'aime Daphné...

Parbleu, voilà des vers que je pourrois fort bien avoir faits, ils ne valent pas le diable.

ERASTE.

Monsieur, la plûpart des Poëtes n'ont pas le don de bien lire leurs ouvrages. Je me suis fait une étude particuliere de la lecture, & si vous voulez que je vous épargne la peine...

MONDOR.

Tu me feras plaisir, l'Orange. Voyons comment tu t'en tireras.

LUCINDE, *à Lisette.*

Il le fait exprès.

LISETTE.

Sans doute.

ERASTE, *lit.*

A! qu'il est douloureux de cacher son amour
Pour une objet où brillent tant de charmes!
J'aime Daphné, je la vois chaque jour,
Mais ce bonheur fait naître mes allarmes;
Il redouble les feux dont je suis consumé,
Et le respect veut que je les dévore:
Amour! je n'atens point le plaisir d'être aimé;
Mais donne-moi celui de dire que j'adore.

(Il regarde Lucinde en soupirant.)

LUCINDE.

L'Orange lit fort bien vraiment.

MONDOR.

Le respect... que j'adore... cela est assez joli.

LUCINDE.

Vous convenez donc que c'est de vous qui me viennent.

MONDOR.

Puisque vous le voulez absolument, il faut bien que *(bas.)* cela soit. Il n'y a pourtant rien de si faux. *(haut.)* Parbleu vous ne pouvez plus vous dispenser de faire quelque chose pour moi, Madame, puisque je fais pour vous... l'impossible.

LUCINDE *riant.*

Je ne sais qu'en dire; en vérité, je ne puis me résoudre à vous ôter toute espérance; mais surtout, donnez-moi souvent des vers, donnez-les vous-même; ils n'en seront que mieux reçus.

MONDOR.

Laissez-moi faire, je vous jure que vous n'en manquerez pas, si mon Apollon veut m'être toujours aussi favorable. Adieu, Madame, je vais chez mon Banquier pour y recevoir un payement; car on ne peut pas toujours faire des vers, je reviendrai ensuite. Je vous conjure cependant de faire quelque attention à ma prose.

(à part en sortant.)

Elle est plus sonore que ma poësie... Poëte! parbleu, je ne pensois pas, en arrivant ici, à me voir enregistrer au Parnase, je crois qu'elle se moque de moi.

SCENE VII.

LUCINDE, ERASTE, LISETTE.

LUCINDE.

IL se divertit & m'amuse. Tâchons de savoir qui de Lisette ou de l'Orange, s'interesse en sa faveur, & a mis ces vers sur ma toilette. L'Orange, les a lûs d'une maniere à me faire croire que c'est lui. Hé bien, Lisette, que pensez-vous de Mondor?

LISETTE.

Qu'il vous aime autant que vous méritez de l'être, Madame, & cela signifie qu'on ne peut rien ajouter à son amour.

LUCINDE.

Il auroit de la peine à s'expliquer mieux, s'il parloit lui-même Et vous, l'Orange, croyez-vous qu'il m'aime autant que Lisette le dit?

ERASTE.

Ne me demandez point si l'on vous aime, Madame, ce sentiment doit être naturel à tous ceux qui ont le bonheur de vous connoître.

LUCINDE.

(*à part.*) (*haut.*)

Ils sont d'intelligence. Je ne suis pas encore décidée sur son compte. Je vous crois tous deux attachés à ma personne. Dites-moi naturellement ce que vous pensez là-dessus.

LISETTE.

Tous ceux à qui vos véritables intérêts seront chers, vous conseilleront de conclure ce mariage. Il est prodigieusement riche, & c'est un grand point, Madame.

LUCINDE.

Il est vrai. Mais il peut-être avare.

LISETTE.

Je ne le crois pas sujet à ce défaut (*en regardant le diamant*) Il a une certaine façon de s'annoncer----

LUCINDE.

Je suis charmée de ce que tu me dis-là. Mais d'où te vient ce brillant? Il me semble l'avoir vû à Mondor.

LISETTE.

Hélas! Il faut qu'il me l'ait donné sans que je m'en sois apperçue.

LUCINDE.

Voilà une heureuse distraction.

LISETTE.

Mais je le lui rendrai, & je lui dirai fort bien que cela ne convient pas.

LUCINDE.

(*à part.*) (*haut à Eraste.*)

Je n'en puis plut douter. As-tu vendu bien cher ton suffrage?

ERASTE.

Madame, je ne suis pas sujet aux distractions. Monsieur Mondor m'a voulu faire des présens: mais ses offres m'ont paru indigne de lui & de moi: ce sont des soins assidus & une passion sincerè & approuvée qui doivent conduire au bonheur d'être votre Epoux; tout autre ſecours en dégrade le plaiſir & la gloire.

LISETTE, *d'un air de pitié.*

Le beau raiſonnement.

LUCINDE.

Laiſſez-le parler, Liſette.

ERASTE.

Et puiſque Madame me permet de dire mon ſentiment, je lui avouerai que je ſerois ſurpris, après la triſte expérience qu'elle a faite du mariage, de lui voir épouſer un vieillard qui ne peut que lui offrir des richeſſes peu capables de flatter un cœur comme le ſien.

LISETTE.

Un vieillard! Un homme eſt-il vieux à ſoixante ans? Et je gagerois que Monſieur Mondor ne les a pas encore. Vous feriez mieux de vous taire.

LUCINDE.

Donnez-vous ce conſeil à vous-même, Liſette.

ERASTE.

J'ai le bonheur d'être attaché à Madame, & le Ciel m'eſt témoin que ce n'eſt point par intérêt. Mon zéle part d'un motif & plus pur & plus noble, & je ſacrifierois tous les biens du monde plûtôt que de lui rien propoſer qui pût la rendre malheureuſe.

LUCINDE, *à part.*

J'en ſuis perſuadée. Ce garçon a le cœur excellent.

LISETTE.

Comment malheureuſe! cinquante mille livres de plus n'ont jamais produit un pareil effet.

ERASTE.

Les richeſſes ſont une foible reſſource contre les chagrins domeſtiques, & une triſte conſolation des malheurs attachés à un mariage mal aſſorti. Un mari vieux eſt ordinairement un mari jaloux; quelque vertueuſe que puiſſe être ſa femme, elle n'en eſt pas moins perſécutée. La certitude où il eſt de ne pouvoir lui plaire; enfante des ſoupçons inſupportables, qu'on augmente en voulant les guérir. Tout lui eſt ſuſpect, juſqu'aux attentions d'une chaſte épouſe. Mais avec un mari jeune & tendre, on trouve un ami dans la ſociété, un conſolateur dans ſes peines, un amant dans le ſein même du mariage: il fait ſon unique affaire de vos plaiſirs, parce que vos plaiſirs ſont les ſiens. Toujours enflammé, toujours conſtant, parce qu'il eſt toujours heureux. Voilà, Madame, l'époux qui peut ſeul mériter votre main & votre cœur.

LISETTE.

Si Madame n'en épouſe jamais d'autre, je lui prédis qu'elle mourra veuve. Vous devriez, pour l'honneur de votre tableau, nous en montrer l'original.

ERASTE.

Il ne feroit pas si difficile à trouver. Je ne détaille ici que des sentimens, & Madame est sûre de les trouver, puisqu'ils doivent être l'ouvrage de ses charmes.

LISETTE.

Et moi, je soutiens----

LUCINDE.

Il suffit. (*à part.*) Tant d'esprit dans un domestique! cela n'est pas naturel. Je sçai présentement à quoi m'en tenir sur le chapitre des vers. Et vous, l'Orange, je vous rends justice. Dans un moment j'aurai une commission à vous donner, Lisette. (*Elle sort.*)

SCENE VIII.

ERASTE, LISETTE.

LISETTE.

APplaudissez-vous. Vous venez de faire un beau coup. Ah! que vous êtes heureux qu'on ne puisse pas vous vouloir du mal! Prenez-y garde au moins, ce zèle mal entendu vous donneroit un ridicule affreux. Il faut que chacun s'accoutume à penser selon son état. Rien n'est si mal placé qu'un avis généreux dans la bouche d'un domestique, & le conseil qu'il donne, fût-il le meilleur du monde, un maître est engagé, par honneur, à faire tout le contraire; c'est la regle.

ERASTE.

C'est pour cela, sans doute, que vous en donnez un mauvais à Madame.

LISETTE.

Un mauvais!

ERASTE.

Mais, s'il est bon, Lucinde est engagée à faire le contraire. Ne dites-vous pas que c'est la regle?

LISETTE.

Cela est bien différent; une femme de chambre est, par son état, le conseil privé de Madame, & Madame, quand elle sait vivre, ne doit rien faire sans l'avis de sa femme de chambre: c'est encore la regle... Mais revenons à notre entretien de tantôt; nous étions convenus, ce me semble...

ERASTE.

Voici Frontin, & j'ai mes raisons pour ne point parler de cela devant lui.

LISETTE, *à part.*

Il croit que je l'aime encore. (*haut à Eraste.*) Soyez en repos. (*à part.*) Je vais faire confidence de cet amour à Lucinde, elle pourroit se fâcher si je lui en faisois mistere.

SCENE IX.

ERASTE, LISETTE, FRONTIN.

FRONTIN.

BOn jour, mes amis. Hé bien, qu'est-ce ? Comment te portes-tu, mon enfant ? Tu peux à présent me faire ta cour, j'ai quelques minutes à te sacrifier.

LISETTE, *tendrement.*

Adieu l'Orange.

FRONTIN.

Hé fi !

LISETTE *plus tendrement.*

Adieu, l'Orange.

SCENE X.

ERASTE, FRONTIN.

FRONTIN.

MOnsieur, voilà des adieux significatifs.

ERASTE.

Nous nous adressions à merveille pour en faire une confidente ! Cette folle s'est imaginée que je l'aimois ; & bien plus, Frontin, elle m'aime.

FRONTIN.

Cela ne se peut pas, Monsieur.

ERASTE.

Il est vrai que la préférence doit t'étonner ; mais cela ne laisse pas d'être.

FRONTIN.

La chienne !

ERASTE.

Rassure-toi, je te l'abandonne.

FRONTIN.

Vous me faites-là un beau présent ! m'abandonner une perfide. J'enrage ! Mais je suis un grand sot ; je ne l'aimois pas, & son inconstance me pique.

ERASTE.

Lucinde ne me paroît point disposée en faveur de Mondor ; cela me rassure. Lisette est chargée de l'affaire des vers. Mais mon amour que deviendra-t-il ? Et quelles mesures prendre pour le faire triompher ?

FRONTIN.

Voilà enfin l'épreuve de votre Roman.

ERASTE.

Ah ! bon, je puis corriger ici ; il n'y a pas d'apparence qu'on vienne m'interrompre. Lucinde eſt rentrée, & je ne crois pas qu'elle reſſorte ſi-tôt . . . Je reconnois-là mon Imprimeur, quel papier ! Quel caractere !

FRONTIN.

Les doigts me démangent dès que je vois écrire ; c'eſt une rage ; auſſi portai-je toujours avec moi mon ouvrage. Allons, cédons au noble tranſport qui nous anime, écrivons, inſtruiſons l'Univers . . . Trouvons d'abord un titre heureux ; *Le parfait Domeſtique.* Fort bien, ou *l'Hiſtoire curieuſe & véritable du célébre Frontin.* Charmant début !

SCENE XI.

LUCINDE, ERASTE, FRONTIN.

LUCINDE.

LIſette vient de m'étonner. Les ſentimens que ce garçon fait paroître, annonceroient en lui des inclinations plus relevées. Mais j'ai des ſoupçons ſur ſa naiſſance que je veux éclaircir. Le voilà, ſi je ne me trompe, dans quelque occupation ſérieuſe. Approchons doucement, & ſachons ce que ce peut-être.

ERASTE.

Le déſagréable métier que de corriger des ouvrages ! Voilà déjà plus de ſix fautes dans le premier feuillet. Tu lui diras de ma part, que je ſuis tout-à-fait mécontent.

LUCINDE.

Je n'y manquerai pas.

FRONTIN.

Comment diable ! j'écris comme un ange ! Si cela continue, l'Ouvrage ſera court ; je n'en ai fait que trois pages, & me voilà preſque à la fin. Eh bien, il ennuiera moins.

ERASTE.

Si tu voulois bien ne pas parler ſi haut.

FRONTIN.

Au reſte, c'eſt une belle qualité, & même aſſez rare, que de ſavoir être laconique ; mais auſſi ne faut-il rien omettre des principales actions de ma vie. Recapitulons un peu. Dans les circonſtances de ma naiſſance, je n'ai rien oublié que le nom de mon pere, mais, ce n'eſt pas ma faute, que ne s'eſt-il fait connoître ? Voilà mes campagnes ſur mer, de Toulon à Marſeille, & de Marſeille à Toulon.

ERASTE.

On a bien raiſon de dire qu'un ouvrage n'eſt pas encore achevé, quand il eſt entre les mains de l'Imprimeur.

FRONTIN.

Chapitre troiſieme. Comme quoi Frontin paroît à la Cour, rends de grands ſervices à un jeune Seigneur, & le met dans le monde au moyen des bonnes connoiſſances qu'il lui donne.

LUCINDE *à part.*

Votre ſtyle me paroît beau.

ERASTE.

Trouvez-vous cela, Monſieur Frontin? Je ſuis fort aiſe qu'il ſoit de votre goût.

FRONTIN.

Frontin entre valet de chambre de Monſieur. **** Il faut avoir de la diſcrétion, & ne point nommer les maſques. *Il vole ſon maître, qui s'en apperçoit, & ne le chaſſe point.* Je connoiſſois mon homme, il m'auroit chaſſé ſi je l'avois ſervi fidélement.

ERASTE.

Il n'eſt pas permis de tenir contre tant de ſottiſes. Demande-lui s'il ſe mocque de moi.

LUCINDE, *à part.*

Cela ſuffit, je lui dirai.

ERASTE.

Monſieur Frontin fait l'agréable; il adoucit ſa voix: il en eſt ſans doute à quelque endroit tendre de ſon Roman.

FRONTIN.

Me voici à l'infidélité de ma Coquette. Allons, broyons du noir, barbouillons-là des plus affreuſes couleurs; que ce tableau effraye tout ſon ſexe, qu'il ſoit ſemé de réflexions; les réflexions ſont la rocambole des Romans.

LUCINDE *à part.*

Son Héroïne ne reſſemble guere au portrait qu'il en fait.

FRONTIN.

J'entre dans un boſquet pour rêver à la Perfide, je la trouve ſur un lit de gazon en Pet en l'air.

ERASTE.

Frontin! Frontin.

FRONTIN.

Attendez, Monſieur, je n'ai plus qu'un mot à écrire: *Je lui jette un coup d'œil aſſez farouche, elle veut fuir mes reproches; mais un orage épouvantable, inonde tout à coup le jardin. Déjà le boſquet eſt entouré d'eau, ma perfide en a juſqu'à mi jambe: je ne daigne pas lui donner le moindre ſecours, & je monte ſur un arbre.*
Quelle magnifique deſcription.

ERASTE.

Frontin!

FRONTIN.

Je ſuis à vous... Ah nous ſommes perdus!

(*Il touſſe, & fait de ſigne à Eraſte.*)

ERASTE.

Qu'as-tu donc ? que veux-tu dire ?

FRONTIN.

L'Orange, sais-tu bien qu'il est ridicule de me faire attendre si long-tems pour une bagatelle semblable ?

ERASTE *se retournant.*

Ah Ciel... Madame, je vous fais mille excuses ; je ne vous croyois pas si près.

LUCINDE.

A quoi étiez-vous occupé ?

FRONTIN.

Madame, il est inutile de vous rien déguiser. J'ai quelque goût pour les relations, & je m'amuse, de tems en tems, à en donner au public. Cela ne doit point vous surprendre, car je suis petit-fils, en ligne directe, de ce cocher fameux, qui a tant fait du bruit dans Paris. Mais j'ai toujours négligé l'ortographe, & l'Orange, mon camarade, me sert pour ces minuties. Nous partageons les profits.

ERASTE, *bas à Frontin.*

Misérable ! Qu'as-tu fait ? m'avoir ainsi laissé surprendre !

FRONTIN.

C'est l'effet de la composition ; j'étois dans l'enthousiasme. Adieu, Camarade.

SCENE XII.

LUCINDE, ERASTE.

LUCINDE *bas.*

Que veut dire ceci ? Il parle à Frontin d'un air d'autorité. (*haut.*) L'Orange, ou avez-vous connu ce garçon-là ?

ERASTE.

Madame ; notre connoissance s'est faite à Lyon.

LUCINDE.

Etes-vous de cette Ville ?

ERASTE.

Je crois qu'oui, Madame. (*à part.*) Je suis tout troublé.

LUCINDE.

Vous croyez ? Ce sont de ces choses qu'on peut affirmer sans aucun doute : je connois les principales maisons de cette Ville, j'y ai même des parens. Avez-vous servi dans ce pays ?

ERASTE.

Non, Madame, vous êtes la premiere personne à qui j'aye eu l'honneur d'offrir mes services.

LUCINDE.

Je vous ai pris chez moi, sans beaucoup m'informe

de vous. Votre phiſionomie, votre façon de penſer & de vous exprimer, un certain air au-deſſus de votre état, tout m'a parlé pour vous. Je crois que je ne me ſuis point trompée, & je ſuis fort ſatisfaite de vous avoir.

ERASTE.

Madame, l'envie de vous contenter & de mériter vos bontés, m'aura ſans doute donné de nouveaux talens. Heureux de voir agréer mon zèle par la perſonne qui le mérite le mieux.

LUCINDE.

Ce n'eſt point un compliment que je vous demande ; je veux connoître votre famille, & non pas votre eſprit ; je ſai que vous n'en manquez pas. Apprenez-moi qui vous êtes, qui ſont vos parens, pourquoi vous vous trouvez réduit à cet état : car il me ſemble que vous n'avez point été élevé pour ſervir. On ne voit point des gens de votre ſorte agir avec cette liberté, cette aiſance que l'on n'acquiert que dans un certain monde. Je dirai plus, j'ai remarqué en vous des ſentimens qui ne ſe trouvent guere que dans des perſonnes bien nées, & dont l'éducation a perfectionné le bon naturel.

ERASTE, *à part.*

(*haut.*)

Que cet examen eſt rude à ſoutenir ! Madame, mes parens ne ſont pourtant pas riches, mais ils coulent des jours paiſibles dans cet heureux état de médiocrité où la fortune eſt trop bornée pour inſpirer de vains deſirs, & où les déſirs ſont trop modérés pour ſouhaiter une plus grande fortune.

LUCINDE.

Mais comment donc ? voilà l'état du vrai ſage. Pourquoi les avez-vous quittés ? Je vous crois trop raiſonnable pour vous ſoupçonner de vous être brouillé avec eux . . . Vous ſeroit-il arrivé quelque affaire ? auriez-vous des raiſons pour vous cacher ? . . . . Vous me paroiſſez embarraſſé. Raſſurez-vous, je n'ai point envie de vous nuire. Dites-moi, l'amour n'auroit point de part à ceci.

ERASTE.

L'amour, Madame ? Quoi ! vous pourriez penſer . . .

LUCINDE *bas.*

(*haut.*)

Quelle agitation ! Liſette a raiſon, il l'aime. Je ne ſuis point ſi ſevère, & je ſai qu'à votre âge, on peut ſans crime avoir une inclination. Je crois même m'être apperçue qu'il y a ici quelqu'un qui ne vous eſt pas indifférent. Oui, l'Orange, vous aimez, convenez-en, (*bas.*) C'eſt pourtant dommage, car, en vérité, Liſette ne le vaut pas.

ERASTE.

Hélas ! Madame, il n'eſt que trop vrai qu'on n'eſt pas

maître de ſon cœur ; mais je mourrois plutôt que de ſortir du reſpect que je vous dois.

LUCINDE *bas.*

Il a peur de m'offenſer en aimant ma femme de chambre. (*haut.*) Hélas ! il s'offenſe lui-même. Puiſque vous êtes entraîné par un penchant que vous ne pouvez vaincre, je vous avoue que vous êtes à plaindre ; car enfin, avez-vous bien réfléchi ſur l'objet & aux ſuites de votre paſſion ?

ERASTE, *bas.*

Je n'en doute plus, elle ſait que je l'aime.

LUCINDE.

C'eſt parce que je vous connois de la raiſon, que je veux que vous en faſſiez uſage. Répondez-moi l'Orange, c'eſt chez moi que vous aimez.

ERASTE.

Oui, Madame ; mais vous cherchez à me rendre malheureux. Quel intérêt peut vous faire deſirer de ſavoir ce qui ſe paſſe dans mon cœur ! Mais que dis-je ? Vous ne l'ignorez pas, & vous ne voulez m'arracher l'aveu de ma témérité que pour m'en punir avec la derniere rigueur...

LUCINDE *bas.*

L'aveu de ſa témérité ! l'amour le met hors de lui-même. (*haut.*) Non, je ne veux point vous punir, mais vous tirer de votre aveuglement s'il eſt poſſible.

ERASTE.

Ah ! Madame, puiſque vous êtes inſtruite de mon ſecret, ſoyez-le auſſi de ma réſolution. Oui, quoiqu'il en puiſſe arriver, j'adorerai toute ma vie le charmant objet....

LUCINDE.

Cela eſt un peu fort. De l'adoration ! Le charmant objet ? Mais on doit pardonner ce langage à l'Amant prévenu.

ERASTE.

L'Amour ne m'aveugle point, Madame, mes expreſſions ſont beaucoup au-deſſus de ma penſée ; & la beauté, l'eſprit & le cœur de celle que j'adore ſont infiniment au-deſſus de l'un & l'autre ; c'eſt une juſtice que vous lui rendriez vous-même, ſi l'éloge ne vous faiſoit pas rougir.

LUCINDE.

Oh ! C'en eſt trop. Quoi, l'Orange, ſongez-vous bien que votre amour pour elle me fait éprouver votre impoliteſſe ?

ERASTE.

Moi, Madame ?

LUCINDE.

Allons, je vois bien que le mal a beſoin d'un prompt remède, puiſqu'il vous fait tourner l'eſprit. Soyez tranquille, j'approuve votre paſſion, puiſque vous le voulez, & dès demain vous ſerez heureux.

ERASTE.

Madame, je le vois bien, l'ironie est le parti que vous prenez. Je ne suis pas digne en effet de votre colere ; mais sans votre ordre je ne serois pas coupable.

LUCINDE *bas.*

Il traite cette affaire on ne peut pas plus sérieusement. (*haut.*) L'Orange, je sai les dispositions de votre maîtresse, & vous pouvez compter qu'en recevant votre main, son sort sera, pour le moins, aussi heureux que le vôtre.

ERASTE. *bas.*

Elle m'aime ? Elle sait donc qui je suis ! (*haut.*) Ah ! Madame, est-il quelque mortel qui se soit jamais trouvé dans une situation plus heureuse & plus charmante ? vous approuvez ma tendresse, vous souffrez que je vous consacre une vie, que je jure de passer à vos pieds.

(*il se met à genoux.*)

LUCINDE.

Vous poussez trop loin la reconnoissance ; l'Orange, & c'est sans doute encore une suite de dérangement où vous jette votre amour. Levez-vous, & allez trouver Lisette de ma part.

ERASTE.

Que lui dirai-je, Madame ?

LUCINDE.

Tout ce qu'il vous plaira. Ne voudriez-vous pas que je vous dictasse les choses que vous avez à lui dire ? Arrangez-vous avec elle.

ERASTE.

Mais, Madame, elle est dans votre confidence ?

LUCINDE.

Non, vraiment, c'est moi qui ai l'honneur d'être dans la sienne. (*bas.*) Il est absolument dérangé ! Il me fait pitié. (*haut.*) Dites-lui donc, puisqu'il faut que ce soit moi qui vous instruise, que je consens au mariage avec vous, & que je me charge même de la dot.

ERASTE.

Son Mariage avec moi, Madame, il n'en a jamais été question.

LUCINDE.

Oh ! Je m'impatiente, à la fin. Quoi donc ? Vous aimez une fille chez moi, sans qu'il soit question de mariage ?

ERASTE.

Je ne l'aime point, Madame.

LUCINDE *à part.*

Ciel ! Qu'entends-je ? il aime ici, & ce n'est point Lisette ?

ERASTE, *à part.*

Elle me parle de Lisette !

LUCINDE.

LUCINDE.

Vous m'en imposez, l'Orange. Lisette n'est point fille à m'avancer des faussetés ; & puisque vous osez aimer chez moi, il n'y a qu'elle & le mariage qui puissent justifier votre hardiesse. Pesez-bien sur ce que je vous dis, & laissez-moi seule.

ERASTE.

Madame ...

LUCINDE.

Sortez, vous dis-je.

ERASTE, *en s'en allant.*

Je suis perdu !

LUCINDE *seule.*

Je crains d'avoir approfondi ce que je voudrois ignorer. L'Orange, que je trouvois si poli, si spirituel pour un Domestique, n'est autre chose qu'un Amant déguisé. Quelle témérité ! Mais il est jeune, & ce n'est que folie. Il n'a pas senti les conséquences de sa démarche. C'est quelque étourdi, quelque jeune homme de famille, à qui les Romans auront gaté l'esprit. Il en fait lui-même ; il n'en faut pas davantage pour tenter des aventures. Je dois pourtant lui rendre justice, sa passion n'a paru qu'à titre de zèle, & de respect le plus soumis. Mais n'importe, malgré tout cela, je vais le renvoyer tout-à-l'heure. Mais voici Mondor.

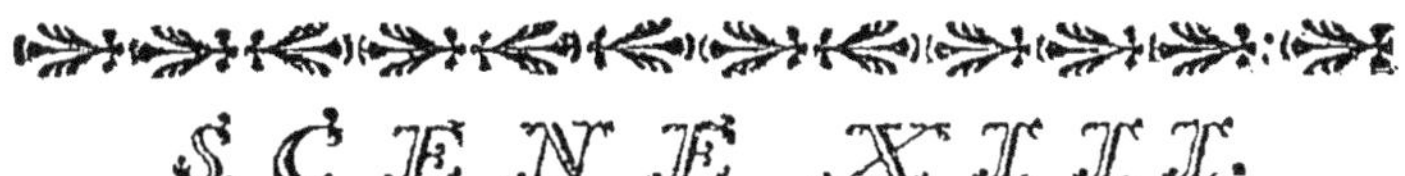

SCENE XXIX.

LUCINDE, MONDOR.

LUCINDE.

EH bien, Monsieur, aurons-nous des Vers ?

MONDOR.

Oh ! Je vous en réponds, & des bons !

LUCINDE.

Je n'en doute point si vous les faites vous-même.

MONDOR.

Oh ! pour cela je ne suis pas si dupe ; j'aime beaucoup mieux les acheter tous faits, cela est plus commode. J'en ai commandé dix mille au bonfaiseur ; vous les aurez, je crois, demain matin, car je les ai payés d'avance. Mais un soin plus important me rappelle auprès de vous ; puis-je enfin savoir comment je suis dans votre esprit & dans votre cœur ?

LUCINDE.

Comme une personne que j'estime beaucoup.

MONDOR.

J'enrage ! Quand une femme dit à un homme qu'elle

l'estime, c'est à peu près, comme quand un homme dit à sa femme, qu'il la respecte. Un peu d'amour ne vaudroit-il pas mieux que cette estime-là ?

LUCINDE.

Quoi ! vous pensez encore à cela ? J'ai cru que c'étoit pour badiner que vous m'en aviez parlé tantôt.

MONDOR.

Pour badiner ! Parbleu, Madame, je défie que quelqu'un puisse vous aimer en badinant : vos yeux y mettent bon ordre.

LUCINDE.

C'est donc tout de bon que vous m'aimez ?

MONDOR.

Oui, Madame, & de bonne foi.

LUCINDE.

Je vais donc vous parler avec sincérité. Vous savez, Monsieur que je suis veuve.

MONDOR.

Tant mieux.

LUCINDE.

Je jouis de ma liberté, & grace au ciel, je ne m'en ennuye pas encore.

MONDOR.

Oh ! parbleu, vous serez libre avec moi plus que jamais ; vous ne serez genée en rien.

LUCINDE.

Je me gênerai peut-être moi-même. Croyez-moi, monsieur, vous êtes dans un âge où le joug de l'hymen est bien pesant. Vous vivez content, votre humeur est charmante : dès que vous seriez marié, vous deviendriez rêveur, sombre, chagrin ; j'ai dans l'idée enfin qu'une femme vous porteroit malheur.

MONDOR.

Voilà un conseil qui a tout l'air d'une audience de congé.

SCENE XIV.

MONDOR, LUCINDE, LISETTE.

LISETTE.

Monsieur, voilà une lettre qui presse.

MONDOR.

C'est, sans doute, un échantillon des Vers en question. . . Non vraiment, c'est une Lettre de mon frere. Il me donne apparemment des nouvelles de ce Neveu dont je vous ai parlé, & dont je suis fort en peine. Madame... (*Voulant s'en aller.*)

LUCINDE.

Non, Monsieur, lisez ici; je sais trop combien l'affaire vous intéresse.

MONDOR.

Puisque vous le permettez...

LUCINDE.

Je souhaite que ce que vous allez apprendre vous tire d'inquiétude.

MONDOR.

Ah!

LUCINDE.

Qu'avez-vous donc?

MONDOR.

Eraste, mon neveu, est à Paris depuis trois mois.

LUCINDE.

Ah! Je respire. J'ai cru que vous alliez m'apprendre qu'il étoit mort ou dangereusement malade... Je ne vois rien là qui doive vous affliger; il est peut-être à Paris, & ne peut vous trouver, faute de savoir votre nom; car vous en avez changé, sans beaucoup de raison, ce me semble.

MONDOR.

Sans beaucoup de raison! Quand on s'est battu, qu'on a tué son homme, & que l'affaire n'est pas encore accommodée.

LUCINDE.

Mais votre neveu étoit-il seul? N'avoit-il personne avec lui?

MONDOR.

Il est parti, à ce qu'on m'écrit, avec un Domestique nommé Frontin.

LUCINDE *bas.*

Ah qu'entens-je! (*Haut.*) Frontin vient souvent ici, il est des amis de l'Orange, l'un ou l'autre vous en donneront peut-être des nouvelles. Lisette.

SCENE XV.

LUCINDE, MONDOR, LISETTE.

LISETTE.

MAdame.

LUCINDE.

Que l'on cherche Frontin: il peut rendre à Monsieur un grand service, duquel il sera recompensé & que l'Orange vienne ici sur le champ. Rassurez-vous, Monsieur, vous apprendrez bientôt ce qu'est devenu votre neveu.

MONDOR.

Hélas? Madame, que me ferviroit de le trouver? Vous le dirai-je? Il eft perdu pour moi, après l'indigne action par laquelle il vient de fe déshonorer, lui & toute fa famille.

LUCINDE.

Qu'a-t-il fait? Expliquez-vous, de grace.

MONDOR.

Son pere marque qu'il a appris, & cela par des gens qui l'ont vû en cet état, qu'Erafte eft au fervice d'une Dame.

LUCINDE.

Ah, Ciel, Erafte eft chez moi.

MONDOR.

Je vous fuis bien obligé, Madame, de prendre tant de part à cette affaire. Je connois votre bon cœur. Jugez de ma douleur; vous m'en voyez pénétré. Se faire laquais! Un enfant de famille! Un fils unique!

LUCINDE.

Ecoutez, il me vient une idée? Peut-être il eft amoureux de la perfonne qui fert.

MONDOR.

Parbleu, que ne fe donne-t-il pour ce qu'il eft? Si elle le refufoit, elle feroit bien difficile.

LUCINDE.

Vous m'avez dit qu'il étoit bien fait, qu'il avoit de l'efprit.

MONDOR.

Oh! de l'efprit, il n'en a que trop! Mais point de jugement. A quoi croiriez-vous qu'il paffoit fon tems? A faire des Romans. La belle occupation.

LUCINDE.

Des Romans? Mais cela amufe.

MONDOR.

Oui, Madame, des Romans, & de plus des Vers! De Vers & des Romans! N'y a-t-il pas là de quoi faire tourner la cervelle la mieux timbrée? Il ne lui manqueroit plus que de faire des Comédies, pour être tout-à-fait joli garçon.

SCENE XVI.

LUCINDE, MONDOR, ERASTE.

ERASTE.

MAdame, je me rends à vos ordres.

LUCINDE.

L'Orange, Monfieur, fe trouve dans un grand embarras. Il ne sait ce que peut-être devenu un neveu qu'il attendoit ; vous pouvez l'avoir connu, puisque vous êtes de Lyon, il se nomme Eraste.

ERASTE, *à part.*

Qu'entens-je ! Mondor est mon oncle. Ah ! que vais-je devenir ?

LUCINDE *bas.*

Quelle situation ! Je la partage, le pauvre garçon !

MONDOR, *à Lucinde.*

Il paroît surpris ; il faut qu'il sache où est Eraste.

LUCINDE, *à Mondor.*

Parlez-lui doucement, ne l'effaroucnez point.

MONDOR.

Viens-çà, coquin... Non, non... Rassure-toi, mon ami. Je ne t'accuse point d'être d'intelligence avec mon neveu. Tu le connois donc ?

ERASTE.

Oui, Monsieur.

MONDOR.

Et tu sais, sans doute, la belle équipée qu'il a fait, ce fripon-là ?

ERASTE.

Je sai, Monsieur, ce que vous voulez dire : mais ne l'accablez point de votre courroux. Il a trouvé, dans la faute même qu'il a commise, une punition plus sévére que celle que vous pourriez lui faire éprouver. Il est méprisé de celle qu'il adore ; que faut-il de plus à votre vengeance ?

MONDOR.

Le pauvre garçon en a la larme à l'œil ; il s'intéresse sérieusement pour mon neveu. Eh bien, fais en sorte qu'il paroisse à mes yeux d'une façon que je puisse le reconnoître sans rougir. Tu sais où il est ?

ERASTE.

Non, Monsieur, je l'ignore. (*à part.*) Ah ! Si j'allois être découvert devant Lucinde, que deviendrois-je ?

MONDOR.

Mais puisque tu sais qu'il est chez une Dame... chez une Dame ! Chez quelque Coquette, sans doute ?

ERASTE.

Ah ! Monsieur, qu'osez-vous dire ?

MONDOR.

Parbleu, je m'en rapporte à Madame. Une femme qui a des laquais de cette espece...

LUCINDE.

Voici Frontin.

MONDOR.

Ah ! Bon.

ERASTE.

Tout est perdu.

SCENE XVII.

LUCINDE, MONDOR, ERASTE, LISETTE.

FRONTIN.

LISETTE, *à Frontin.*

Si tu peux lui donner des nouvelles de ce qu'il cherche, ta fortune est faite.

FRONTIN.

Je tâcherai de profiter de l'occasion. De quoi s'agit-il ?

LISETTE.

Il te le dira lui-même. Monsieur; voilà Frontin, cet honnête garçon à qui vous voulez parler.

(*Eraste fait des signes à Frontin.*)

FRONTIN, *à Mondor.*

Monsieur, il est bien flatteur pour moi que mon Etoile m'ait procuré l'honneur de la satisfaction de. . .

MONDOR, *le prenant au collet.*

Point de compliment; tranchons court, s'il vous plaît.

FRONTIN.

Monsieur, je suis bien votre serviteur. (*bas.*) Quelle est donc cette fortune ?

MONDOR.

Où est Eraste, mon neveu ? Qu'est-il devenu ?

FRONTIN.

Eraste, Monsieur ? . . . (*à Lisette.*) Ah! traîtresse.

MONDOR.

Qu'as-tu fait de mon neveu ?

FRONTIN.

L'orange, ne saurois-tu point où il est ?

ERASTE *bas.*

Garde-toi de me nommer.

MONDOR.

S'il ne répond, qu'on aille chez un Commissaire.

FRONTIN.

L'Orange, un Commissaire !

MONDOR.

Parleras-tu ?

FRONTIN.

Parbleu, voilà bien des façons ! C'est moi qui suis votre neveu ; voyez si vous voulez être mon oncle ?

LUCINDE.

Le fripon !

FRONTIN.

Traiter de la sorte un neveu ? Le sang ne parle plus aujourd'hui.

LISETTE.

C'est un imposteur ; son nom est Frontin, je le connois depuis plus de six ans.

MONDOR.

Comment malheureux ! tu es assez hardi pour prendre le nom d'Eraste, & tu n'es que son valet ? Qu'on aille de ce pas. . . . .

FRONTIN.

Eh ! non, Monsieur, que personne ne bouge. L'Orange, épargne-moi une indiscrétion ; avoue toi-même que tu es Eraste, puisqu'on ne veut pas que je le sois.

ERASTE *se jettant aux genoux de Mondor.*

Eh bien, Monsieur, vous voyez ce neveu, qui ne doit plus vous sembler digne de l'être.

LISETTE.

Eraste ! lui ?

FRONTIN.

A propos, je te félicite de ta conquête.

LUCINDE, *à Eraste.*

Eh ! par où ai-je mérité, Monsieur, une démarche aussi hardie & aussi offençante ?

ERASTE.

Ah ! Madame, songez du moins que je ne suis jamais sorti de ce respect auquel je m'étois voué en entrant auprès de vous.

MONDOR.

Dit-il vrai, Madame ?

LUCINDE.

Je ne puis l'en dédire : c'est une réflexion que je faisois même il y a quelques momens. Je n'ai pas moins lieu de me plaindre de son étourderie ; elle m'expose à des bruits que je n'ai pas mérités, & l'Orange doit pour jamais renoncer à me voir. Je ne veux pas cependant qu'il sorte sans récompense ; je connois le prix des services qu'il m'a rendus, & lui tiens compte de ceux qu'il auroit voulu me rendre. Prenez cette boëte ; je croirois vous offenser, si je vous payois autrement.

ERASTE.

Madame...

LUCINDE.

Prenez-la, vous dis-je. Adieu l'Orange.

SCENE DERNIERE.

MONDOR, ERASTE, LISETTE, FRONTIN.

MONDOR.

ON se mocque de vous, mon cher neveu ; mais consolez-vous, elle m'a refusé moi-même.

ERASTE.

Que vois-je ! Son portrait ?

MONDOR.

Son portrait ! Ah, fripon ! Que je le voye... Oui, ma foi. Tu es trop heureux. Donne-le moi, tu vas avoir l'original.

ERASTE.

Quoi ! Vous croyez... Elle se sera peut-être trompée.

MONDOR.

Cours vîte après elle. Mais va changer d'habit auparavant ; elle a congédié l'Orange, & c'est Eraste qu'elle demande.

ERASTE.

Peut-on jouir d'un plaisir plus parfait ?

FRONTIN.

Adieu, fidelle Lisette.

LISETTE.

Tu es encore bienheureux, faquin, que je ne t'aye trompé qu'en herbe.

FRONTIN.

Va, je te defie de me tromper autrement.

FIN.

www.ingramcontent.com/pod-product-compliance
Ingram Content Group UK Ltd.
Pitfield, Milton Keynes, MK11 3LW, UK
UKHW020509230726
13925UKWH00005B/2129

9 782014 026245